TIERS-ORDRE DE SAINT-FRANÇOIS

(Obédience des Frères-Mineurs Capucins)

M. J.-B. BON

PREMIER RECTEUR

DE LA FRATERNITÉ DE PARIS

BOURGES

IMP. PIGELET ET TARDY, TARDY-PIGELET, Succ.

15, Rue Joyeuse, 15

1886

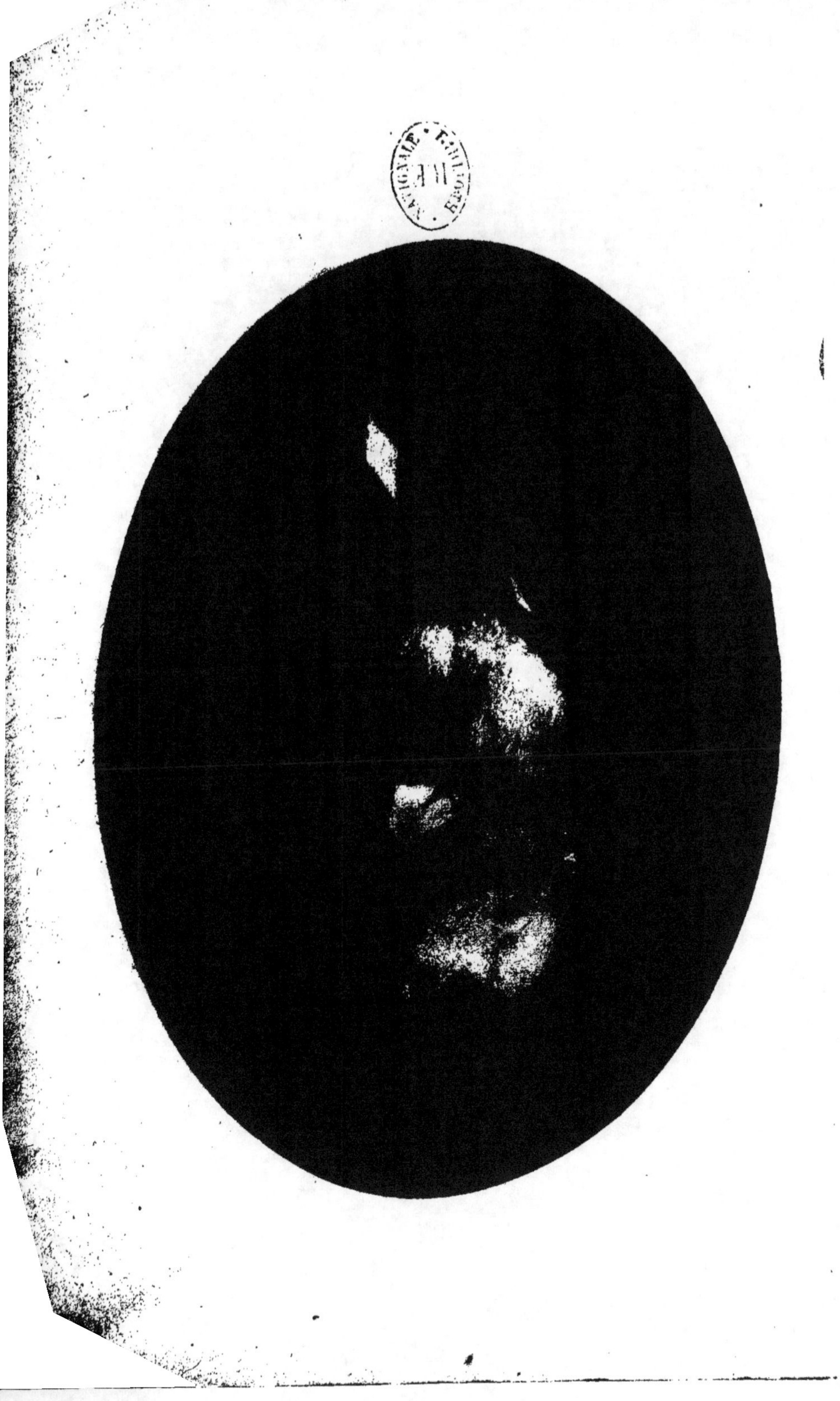

MONSIEUR BON

LA Congrégation des Frères de Paris vient d'être cruellement éprouvée par la perte de son premier Recteur, M. Bon, en religion Fr. Jean-Baptiste de Saint-François, décédé le 3 mai dernier, dans la 72ᵉ année de son âge et la 44ᵉ depuis son entrée dans le Tiers-Ordre. Les services qu'il a rendus, les exemples qu'il a donnés, en un mot la sainteté de sa vie, nous font la douce obligation de payer à sa mémoire un juste tribut d'éloge et de regrets.

Malheureusement nous n'avons pas les éléments suffisants pour écrire une telle vie, la modestie de notre Frère a caché à tous une foule de renseignements qui nous seraient utiles, mais ce que nous dirons démontrera qu'il était dans toute la force du terme *un homme juste « vir autem erat justus, »* un véritable Tertiaire de la Pénitence ; et que les deux caractères principaux de sa vertu furent la droiture et l'humilité.

Jean-Baptiste Bon naquit à Lyon, le 11 novembre 1814. Elevé par une mère qui était vraiment la femme forte de l'Evangile, dès son enfance il fut entouré de ces soins tendres et énergiques qui formèrent en lui le chrétien solide que nous avons connu et admiré.

Il commença ses études sous la direction d'un bon vieil abbé, l'abbé Combet, dont les leçons complétèrent et fortifièrent celles de sa mère. Ce fut ainsi armé qu'il entra dans la vie et commença à travailler avec son père.

Cependant vers l'âge de 16 à 17 ans, il se laissa séduire par les utopies révolutionnaires, et, sous l'influence de mauvais camarades, son esprit si droit se laissa pénétrer d'idées dangereuses, mais sa droiture devait le sauver et par la permission de Dieu il devait retirer de ses erreurs mêmes cette fermeté dans le devoir et la vertu, dont il ne se départit plus jamais le reste de sa vie.

Cessa-t-il alors la pratique religieuse ? Nous n'en savons rien et nous ne le pensons pas. Son égarement du reste ne dura pas longtemps. Il le disait lui-même à l'un de ses fils : ce qui l'en guérit, ce fut précisément la conduite de ses mauvais amis ; quand il les eût connus d'un peu près, avec cette droiture qui a toujours été le fond de son caractère, il se convainquit que d'eux tous *pas un seul* ne se conduisait bien, pas un seul ne méritait l'estime. Dieu acheva l'œuvre, un jour qu'entré par hasard dans l'Eglise de Saint-Bonaventure, à Lyon, il entendit un sermon qui le toucha, le fit réfléchir et le convertit à cette vie sérieusement chrétienne dont rien ne devait plus le distraire. Sous l'action de la parole de Dieu, il va se confesser, fait une confession générale, et craignant l'influence de ses amis d'hier, il prend la résolution de s'éloigner de Lyon.

Sans doute, il ne put la mettre à exécution tout de suite, et Dieu voulut qu'il réparât sur place les exemples de sa conduite passée, car nous savons qu'à partir de sa conversion, il fit partie de cette admirable institution des *Hospitaliers-Veilleurs* pour la visite des malades pauvres à domicile et dans les hôpitaux, et qu'à l'égal de ses confrères il allait soigner les membres souffrants de Jésus-Christ, les rasant, les lavant et leur rendant les services même les plus répugnants.

Fit-il partie de la Conférence de Saint Vincent de Paul, à Lyon ? Nous inclinons à le penser, car ce fut muni d'une lettre du Président de cette Conférence pour son confrère de Saint-Merri, à Paris, que nous voyons M. Bon arriver dans la capitale. C'était en 1842.

Ici règne une obscurité pénible. Ce fut en effet à cette époque que M. Bon entra dans le Tiers-Ordre de la Pénitence, et sur un registre de notre Fraternité, nous avons trouvé écrite de sa main la date de sa vêture : 23 février 1842. Mais où et par qui fut-il reçu ? Nous inclinons à penser que ce fut avant de quitter Lyon et dans la chapelle des Pères Capucins, car il parlait souvent d'un Frère Cyprien, qui, le trouvant en prières dans cette chapelle, l'aborda, le consola et lui rendit bien des services. Il avait alors 28 ans.

En arrivant à Paris sés affaires l'attirèrent sur la paroisse Saint-Merri, où il se fixa. Il se fit inscrire comme membre de la Conférence de Saint-Vincent de Paul, dont il devint quelques années après vice-président, et donna son concours ardent et actif à toutes les œuvres que créait le saint abbé Annat, curé de la paroisse, pour ramener à l'église ses paroissiens.

Parmi ces œuvres, il en est une qui fut une pépinière de bons et admirables chrétiens, et dont notre Fr. Jean-Baptiste devint le Président. Je veux parler de la *Réunion de Persévérance*, véritable catéchisme composé de jeunes gens et d'hommes faits qui remplissaient chaque dimanche la chapelle dite de la Communion. Après le chant des Petites Vêpres, M. le curé montait en chaire et, de là, il adressait à chacun, sur des sujets étudiés d'avance, des questions auxquelles il fallait répondre, tout comme les enfants qui se préparent à la première Communion.

Les fruits produits par cette admirable institution sont merveilleux, et, malgré qu'elle n'existe plus, ils se renouvellent encore dans les familles de ses membres, souches de générations solidement chrétiennes. C'est de plusieurs d'entre eux, qui font partie de notre Fraternité du Tiers-Ordre, que nous tenons ces détails et que nous avons appris combien entre les mains et sous l'impulsion de M. Bon cette œuvre prit de développements.

Le bon Dieu n'épargna pas les épreuves à son serviteur. Il s'était marié : au bout d'un an, sa femme lui était enlevée avec l'enfant qu'elle lui donnait. Resté veuf, il se consacre avec plus de dévouement encore aux bonœuvres ; et Dieu lui ménage alors ce second mariage qui devait lui donner, outre la compagne dont la tendresse et la sollicitude l'ont entouré presque jusqu'au dernier jour, ces admirables enfants qui ont fait à juste titre son orgueil et sa joie.

Après avoir longues années édifié la paroisse Saint-Merri, il fut placé à la tête d'une fabrique importante située sur la paroisse Notre-Dame-des-Champs, où sa mémoire demeurera en bonne odeur. Dire les labeurs incessants auxquels il se condamna, et les soins qu'il eut pour ses chers ouvriers et ouvrières est impossible; il se fit tellement aimer de son nombreux personnel, que longtemps après que par une permission de la volonté de Dieu il fut privé de cet emploi, nous avons vu ces braves gens et leurs enfants venir fidèlement souhaiter la fête de leur ancien directeur.

Le 4 octobre 1852, en la fête de N. S. Père, notre Fr. Jean-Baptiste de Saint-François fit sa profession du Tiers-Ordre. Tout nous porte à croire que ce fut entre les mains de nos Pères Capucins rentrés à Paris en cette même année 1852. Ce qui est certain, c'est que notre Frère fit partie de ce petit troupeau de Tertiaires qui se groupèrent autour d'eux, et devinrent le noyau de la Fraternité des Sœurs et de celle des Frères.

La Congrégation des Sœurs fut érigée la première. On y toléra, aux réunions mensuelles, la présence de quelques Frères; mais bientôt leur nombre augmentant, nos Pères songèrent à les réunir en Fraternité. La première assemblée générale eut lieu le 22 février 1857, et le T. R. P. Louis, depuis Provincial, fut chargé de la direction. Il confia la charge de Recteur au Fr. Jean-Baptiste, et, de ce jour, l'histoire de notre Fraternité est intimement liée à celle de notre regretté Frère. Il en fut la base, la cheville ouvrière; et, par son empressement à obéir à l'impulsion des différents Pères directeurs qui se succédèrent à la tête de la Congrégation, il la fit ce que nous la voyons aujourd'hui.

Pendant près de vingt ans, il se dévoua à son service, voulant toujours se retirer et toujours réélu de triennat en triennat par la reconnaissance et l'affection de ses

— 5 —

Frères. Ils lui en donnèrent un témoignage éclatant lors
de la solennité de ses *noces d'argent,* célébrées le 28 oc-
obre 1878.

Ce fut un véritable chagrin pour nous tous, lorsqu'aux
élections du 11 juin 1876, sentant ses forces décroître,
il ne voulut pas consentir à une nouvelle confirmation,
et accepta, malgré lui, la charge d'Assistant. Cependant,
on peut le dire, il continua jusqu'à la fin à diriger la
Fraternité, car rien ne se faisait sans qu'on prît son avis
et ses sages conseils.

Nous avons donc raison de dire que la Fraternité de
Paris pleure *son* Recteur, son fondateur et son modèle.
Sa mémoire vivra toujours parmi nous : « *in memoria
æterna erit justus* », et nous avons la confiance que du
saint paradis, il protégera la Congrégation si chère à
son cœur.

Mais ce rapide historique de la vie de notre vénéré
Frère ne suffit pas à notre piété. Il nous faut le montrer
pratiquant à un degré héroïque toutes les vertus chrétiennes, et particulièrement celles qui doivent distinguer
les véritables enfants de saint François : la pénitence et
l'humilité.

Pour cette tâche délicate, notre plume serait impuis-
sante, aussi emprunterons-nous le témoignage qu'a rendu
de Fr. Jean-Baptiste l'un de nos plus chers Pères
directeurs[1] qui, chargé pendant quinze ans de la direction de la Fraternité, a pu, mieux que personne, apprécier
le mérite de celui que nous pleurons.

« Pour moi, j'affirmerai ceci, nous dit-il : Pendant
dix ans au moins, notre excellent Frère a mis son âme à
nu sous mes yeux, et j'ai vu avec clarté et admiration sa
conduite vis-à-vis de Dieu et vis-à-vis le prochain, surtout des êtres chéris que la Providence avait confiés à
ses soins dans l'intérieur de la famille.

« Il m'a paru que le caractère spécial de cette vertu,

1. Le R. P. Apollinaire de Valence.

qui nous a tous tant édifiés, était la droiture. Le spectacle qu'il m'en a donné, a été et reste pour moi comme une sorte de révélation ou d'explication par laquelle j'ai infiniment mieux pénétré et senti ce que Dieu demande de nous en tant d'endroits de sa sainte parole, quand il nous invite *à faire ses voies droites*, à n'accéder à Lui qu'avec *droiture de cœur*, et quand Il promet d'abondants trésors de biens spirituels à ceux qui se seront rendus à cette invitation si souvent répétée.

« Il y a, sans doute, dans la droiture, comme en toute autre chose, des degrés. Notre cher Frère était parvenu aux plus élevés. Il voyait Dieu et sa sainte volonté, ou ses divins intérêts, avec une promptitude et une plénitude de lumières vraiment merveilleuses et toujours croissantes. Cette vue, identique à celle de ses devoirs, était aussitôt suivie de leur accomplissement, sans hésitation et sans restriction, et celui-ci était immédiatement récompensé par une plus grande infusion de lumières. Il y a loin de la science spéculative que l'étude de la sainte parole nous fournit sur ces faits spirituels, à leur observation dans une âme qui les présente vivants à notre regard dans l'éclat d'une vertu extraordinaire. Heureux le prêtre à qui la bonté divine en offre le spectacle !

« De cette droiture naît une humilité profonde. L'âme qui voit si bien son Dieu, et qui aperçoit si clairement la règle de ses devoirs et le caractère des vertus auxquelles elle est appelée, sent l'immensité de sa faiblesse et de son impuissance en face de cet idéal ; elle s'en fait un aveu sincère et complet, avant comme après ses efforts pour bien faire, parce qu'elle se voit toujours loin de cette perfection, elle n'aperçoit même pas ce qu'elle en réalise, et ce qu'admire en elle les heureux témoins de sa vertu. Notre Frère était d'une humilité absolue ; il ne savait s'attribuer aucun mérite devant Dieu, aucune supériorité sur quelque homme que ce pût être. Bien mieux, il mesurait sans effort la profondeur de ce qu'il appelait sa misère, son infériorité, son incapacité ; il ne lui arrivait presque rien, soit dans le silence de l'âme

...it dans les relations extérieures, qui ne le pénétrât plus entièrement de cette conviction.

« Dieu ne permet pas que, chez les siens, ce sens de ...ur bassesse devienne un froissement d'amour propre, comme il arrive chez les orgueilleux, quand ils sont obligés de subir une humiliation sans réplique. Au contraire, la grâce vient réjouir l'âme humble ; elle la saisit, l'élève et la maintient dans une atmosphère de sérénité. N'avons-nous pas tous admiré cette sérénité chez notre Frère, surtout lorsqu'il a été frappé par des malheurs inattendus et immérités? Ils jetaient sur son avenir et sur celui de sa famille encore jeune une incertitude qui nous torturait, nous tous ses amis ; mais lui, bien qu'éprouvant de violentes angoisses, il a souffert sans manifester aucun trouble, et il a déployé une énergie merveilleuse, grâce à laquelle son œuvre de bon père de famille n'a point été interrompue, et sa situation s'est refaite d'une manière au moins suffisante. C'est à vous, mon cher ami, qu'il appartient de raconter à nos Frères comment leur ancien Recteur, frappé par Dieu et par les hommes desquels il méritait beaucoup, a toujours pensé et dit que ces coups si redoutables étaient la seule légitime récompense de ce dévouement qui avait rempli sa vie, et de ces travaux auxquels, selon lui, nous avions eu tort de présager d'autres suites, ajoutant que, si lui-même s'était parfois attendu à quelque reconnaissance ce n'avait pu être que par orgueil, ce qui lui avait rendu nécessaire cette leçon de la Providence. Quel exemple pour nous tous, c'est-à-dire pour vous, pour toute notre chère Congrégation du Tiers-Ordre de Paris, dans le sein de laquelle Dieu aime tant et si souvent à planter la Croix! Quelle différence avec l'impatience des chrétiens imparfaits qui, à chaque malheur, font dans leur cœur un procès au bon Dieu, dont ils ne veulent pas reconnaître la justice, et aux hommes, dont ils proclament la méchanceté !

« De la même sérénité, répandue en son âme par cette ...ce de charité qui se prodigue aux humbles, ont en... ...e procédé la tendresse et la force que notre Frère a déployées dans le gouvernement et l'éducation de sa nombreuse famille. Il y a fait régner dans sa plénitude la règle du devoir ; il savait le rendre aimable au point que rarement il eut à élever la voix et à donner un ton sévère à l'autorité dont il ne se départait jamais, et qu'il préférait exercer avec douceur. C'est ainsi qu'il a rendu chère à sa femme et à ses enfants la piété chrétienne que tant de parents ont le tort de fausser et de rendre onéreuse à la génération qu'ils élèvent ; ce pourquoi celle-ci l'abandonne dès qu'elle a pu ouvrir ses voiles au vent de la liberté. Aussi Dieu lui a-t-il accordé la consolation de voir deux de ses fils gravir les degrés de l'autel, ses deux filles embrasser la vie religieuse, et son troisième fils se préparer à transporter en une famille nouvelle le fruit de leçons et d'exemples si longtemps admirés et si filialement recueillis. C'est à ces enfants bénis de vous parler plus longuement et à meilleur escient de ce foyer paternel qui n'est plus qu'un souvenir, mais un souvenir riche des plus rares enseignements de la vertu. A leurs récits, j'ajouterai seulement que parfois leur père, hésitant sur tel ou tel acte de son gouvernement intime, vint me consulter en ami sur le parti qui me semblerait le plus opportun. Ici encore il me fournit l'occasion d'admirer les lumières qu'il trouvait dans sa droiture, et je reconnus deux choses : l'une, que la sagesse d'un couseil dépend généralement de la sagesse de celui qui sait le demander bien plus que de la sagesse de celui qui le donne ; l'autre que notre Frère, une fois fixé sur une ligne de conduite qui lui paraissait tracée par Dieu, la suivait jusqu'au bout, avec une confiance entière dans le secours divin qui, en effet, ne lui faisait pas défaut.

« Il ne faudrait pas oublier de rapporter, à la louange de ce bon Frère, tout ce que son énergie et sa persévérance ont fait pour le service de Dieu et pour le bien-être des siens. Je ne peux, à ce sujet, que rappeler sommairement ses pèlerinages quotidiens à Notre-Dame des Victoires, où pendant longues années il servait chaque matin une messe et faisait la sainte communion ; pèlerinages qu'il faisait forcément à pied et à jeun, avant le jour pendant l'hiver, et en bravant toutes les intempé-

nies pendant toute une longue lieue. De même, vous sa-
vez combien fortement et longtemps il a surmené son
pauvre corps usé pour se rendre à ses travaux : combien
de privations il a su accepter ou s'imposer suivant les cir-
constances ; par exemple celle du feu pendant de rigou-
reux hivers, dans des bureaux où il n'y avait ni chemi-
née, ni poêle ; celle de collations qui auraient semblé
indispensables à tout autre lorsqu'il travaillait trop loin
de son domicile [1] ; celle du sommeil dans les nuits
d'adoration nocturne, puis plus tard en sa propre maison, lorsque, l'âge le privant de sa précédente facilité
pour le travail, il y suppléa en apportant chaque jour ses
livres chez lui et en leur consacrant plusieurs heures de
la nuit [2]. En tout cela, il était guidé constamment par le
désir d'apporter un peu plus de bien-être à sa chère
famille.

« J'ajoute un seul fait, qui lui a paru, ainsi qu'à moi, assez extraordinaire, et dû à la protection de Notre-Dame
des Victoires.

« C'était pendant l'hiver de 1871-1872. Un matin,
avant le jour, il se rendait suivant son habitude à Notre-
Dame des Victoires. Il y avait un peu de neige ; la
marche était difficile pour lui, et, soit qu'il fût absorbé
par cette difficulté, soit que la neige amortît le pas des
chevaux et le roulement des roues, il fut surpris par un
camion qui venait derrière lui, et dont le cocher ne l'avait
pas aperçu. Il fut renversé et la roue appuya sur une de

1. On peut dire que pendant de longues années le jeûne de
notre saint Frère fut ininterrompu. Il partait de grand matin,
comme on l'a dit plus haut, et ne rentrait que le soir fort tard,
se contentant de manger, tout en travaillant à sa comptabilité,
un morceau de pain sec, au milieu du jour ; et encore l'ou-
bliait-il assez souvent.

2. La vie qu'il menait alors était vraiment extraordinaire. La
grâce de Dieu était là visible pour le soutenir. Qu'on en juge :
aussitôt son repas du soir, son unique repas, il se remettait au
travail jusqu'à 11 heures et même minuit ; dès 3 heures ou
heures et demie, il se relevait, prenait de sa maison quelques
uns qu'il ne voulait laisser à personne (jusqu'à cirer les chaus-
ses de sa famille), travaillait encore et se rendait pour la
première messe à Notre-Dame des Victoires.

ses épaules de façon à lui écraser la poitrine ; mais malgré la rapidité de la chute, notre Frère s'aperçut du danger, et invoqua Notre-Dame des Victoires. Le camion s'arrêta comme par enchantement ; il se releva sans autre accident qu'une large marque de neige comprimée, laissée sur ses vêtements par le passage de la roue, comme pour témoigner qu'un miracle seul avait pu le préserver de la mort. Il continua donc sa route avec calme, remerciant la sainte Vierge, et il se garda bien de raconter aux siens cet évènement, de crainte qu'ils ne s'opposassent à la continuation de son pèlerinage quotidien.

« Je m'arrête, mon cher ami, bien qu'il y aurait à dire encore plusieurs choses très touchantes, par exemple sur l'art avec lequel notre Frère Bon savait apercevoir des modèles de vertu à peu près chez tout le monde, même chez ceux à qui il l'enseignait. Mais ceci est trop intime ; il n'est pas possible d'en parler. »

Qu'ajouter à un si bel éloge de notre vénéré Fr. Jean-Baptiste de Saint-François, sinon quelques détails sur la fin de sa vie.

Epuisé par une longue suite de labeurs semés de croix parfois bien lourdes, par des pénitences que le monde taxerait d'excessives, Fr. Bon vit les forces lui manquer, et il dut céder à la tendresse de ses enfants qui, depuis longtemps, voulaient qu'il se reposât. Vers la fin de 1884, il se retira donc à Versailles, auprès de ses deux fils prêtres, et chez l'un d'eux, vicaire de Saint-Symphorien.

Libre de son temps, il se consacra tout entier à la prière et aux bonnes œuvres. Chaque matin, il se rendait de bonne heure à l'église, et il faisait le Chemin de la Croix avant d'entendre la sainte messe et de communier. Rentré chez lui, il s'occupait de travaux domestiques, tenant jusqu'à la fin à travailler de ses mains. De deux à cinq heures, il faisait sa visite au très saint Sacrement.

Il visitait les pauvres et s'attachait surtout à les ramener à Dieu. Il se faisait leur humble serviteur, allant, malgré l'épuisement de ses forces, jusqu'à fendre et ranger leur petite provision de bois.

Fr. Jean-Baptiste professait le plus profond respect pour les ministres du Seigneur. Voyant en eux d'autres Christs, il les révérait à l'égal de Notre-Seigneur Lui-Même. Ses deux fils prêtres ont eu constamment des preuves de la haute idée qu'il avait du Sacerdoce. Souvent il prenait leur tête dans ses mains et baisait respectueusement leur tonsure. Il voulait leur laver les pieds et nettoyer leurs chaussures. Au lendemain de l'ordination de son fils aîné, il voulut se confesser à lui, et, dans les dernières années de sa vie, il n'eut pas d'autre directeur.

Quel exemple pour nous tous, et pour tant de chrétiens qui ne prient pas pour leurs prêtres et ne voient en eux que des hommes comme les autres !

La fin de la vie de notre saint Frère fut également marquée au coin du sacrifice et de la croix.

Il avait déjà donné à Dieu deux de ses fils et une de ses filles, lorsqu'en décembre 1885, le Père céleste lui demanda sa seconde fille, jeune femme restée veuve après quelques mois de mariage, et qu'il affectionnait d'un amour tout particulier. Il la donna généreusement ; mais Dieu n'était pas satisfait encore, et il voulait que Fr. Bon se détachât complètement avant de l'appeler à Lui, et, le 1er janvier 1886, il lui reprenait par une mort quasi subite, la compagne de sa vie, sa sainte et digne femme, Tertiaire elle aussi, et comme lui servant Dieu de tout son cœur.

Le coup fut rude et notre Frère ne devait pas s'en remettre. Depuis longues années, il appelait la mort, il avait hâte de voir Dieu ; il nous disait que « le vieux bonhomme n'était plus bon à rien et que le bon Dieu l'avait oublié ». Aussi ne pouvait-il croire que sa chère femme était là où il aurait voulu être, sur son lit de mort et dans son cercueil.

Trois mois après, son désir devait être exaucé. Le lundi, 3 mai, il vint à Paris, avec ses deux fils aînés, pour s'occuper du mariage de son troisième fils. Il alla au cimetière s'agenouiller sur la tombe de sa femme, et là, dans une fervente prière, il demanda d'être bientôt réuni à elle et de mourir comme elle, sans les dernières appréhensions de la mort. Quelques heures plus tard, alors que rien ne faisait présager sa fin, il était frappé d'une congestion. Son fils aîné lui donna une dernière absolution, et peu d'instants après son âme voyait face à face son Dieu et son Juge, qu'il avait reçu le matin même dans la sainte Eucharistie.

C'était le 3 mai [1], jour où l'Église célèbre la fête de l'*Invention de la sainte Croix*, de cette croix que notre Frère avait embrassée avec tant d'amour à l'exemple de notre séraphique Père.

Notre Frère Recteur en charge eut l'honneur de recevoir chez lui la dépouille mortelle de son saint prédécesseur et ami, de celui qu'il aimait et vénérait comme un père, et de le revêtir du saint habit de notre Ordre, vêtement de gloire et d'immortalité pour ceux qui, à l'exemple du Fr. Jean-Baptiste de Saint-François, auront sans défaillance « combattu le bon combat et consommé leur course » en observant fidèlement les commandements de Dieu et de l'Église, et en pratiquant la règle du Tiers-Ordre de la Pénitence.

Paris, le 24 juin 1886,
en la fête de saint Jean-Baptiste.

---

1. Chose digne de remarque, notre Frère Bon avait été frappé comme nous, que le Nécrologe de la Fraternité, était en blanc au mois de mai ; son nom y sera le premier inscrit. N'est-ce pas un signe de l'amour de Marie-Immaculée d'avoir appelé son serviteur au début du mois qui lui est consacré ?

Bourges. — Imp. Pigelet et Tardy. TARDY-PIGELET Succ.

www.ingramcontent.com/pod-product-compliance
Lightning Source LLC
LaVergne TN
LVHW021908180726
843502LV00008B/2956